I7 56
 1195

NAPOLÉON III
A VICHY.

L. Enduran.

PRIX : 50 CENTIMES.

Première Livraison.

RIOM
G. LEBOYER, IMPRIMEUR-ÉDITEUR, 3, RUE PASCAL.
1864.

NAPOLÉON III A VICHY.

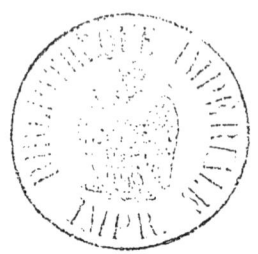

I.

Depuis de longues années, Vichy appelait de tous ses vœux l'arrivée de Sa Majesté Napoléon III ; ses désirs ont été enfin exaucés.

L'Empereur, parti de Paris à 10 heures, est descendu à 5 heures et 15 minutes à la gare du chemin de fer de Saint-Germain-des-Fossés ; son voyage jusqu'à Vichy n'a été qu'une longue ovation. Les communes de Billy, de Saint-Gerand-le-Puy, de Seuillet, de Magnet, de Saint-Félix et de Saint-Germain avaient placé leurs écussons pavoisés à l'issue de la gare et se faisaient représenter par leurs conseils municipaux. Trois arcs de triomphe avec de nombreuses légendes étaient également distancés ; par une idée heureuse, quoique naturelle, le premier portait le nom de l'Empereur, le second celui de l'Impératrice ; le troisième enfin, dédié au Prince Impérial, offrait un aspect charmant. Des deux côtés les écoles communales, le drapeau national à la main.

Sa Majesté, toujours gracieuse, s'est montrée sensible à ces délicates attentions. Creuzier-le-Neuf s'était empressé de jeter sur la route, au lieu Gadon, un arc plein d'élégance avec l'inscription suivante : LES HABITANTS DE CREUZIER-LE-NEUF A SA MAJESTÉ NAPOLÉON III ; VIVE LA DYNASTIE IMPÉRIALE ! Des deux côtés de la route, le conseil présidé par M. Cornil. A deux kilomètres environ, au village de Crépin, l'Empereur a daigné s'arrêter un instant devant un arc portant la dédicace : AU VAINQUEUR DE SOLFÉRINO ! Un tapis de mousse, semé de fleurs, se déroulait sur la route, et toute la commune de Creuzier-le-Vieux semblait s'y être donné rendez-vous. M. le Maire a lu quelques lignes d'une voix pleine d'émotion.

Le cortège a repris sa marche et ne s'est plus arrêté qu'à Cusset.

Là aussi avait été dressé un magnifique arc de triomphe; toutes les autorités civiles et religieuses s'étaient rangées sur les deux côtés. Les pensions de jeunes filles, vêtues de blanc, ajoutaient au charme de la réception, et les médaillés de Sainte-Hélène rappelaient une gloire qui n'a dans les temps modernes d'autre rivale que celle de Napoléon III. Après le discours de M. Fourneris, maire de la ville, les quatre voitures de la maison impériale ont traversé lentement la place de l'Hôpital, toute pavoisée, l'Empereur saluant gracieusement toutes les personnes qui l'acclamaient. L'établissement du Parc avait aussi son arc pavoisé. La route disparaissait déjà, tant la foule s'amoncelait et grossissait à chaque instant. Vichy, comme on le pense bien, avait déployé ses atours les plus beaux. Fidèles à l'appel de leur maire, les habitants rivalisaient d'activité, d'élégance et de goût. Des mâts couverts de trophées jalonnaient la route, chaque maison était pavoisée, les drapeaux et les écussons garnissaient les nombreuses fenêtres de nos hôtels, et de magnifiques allégories se déroulaient de toutes parts; l'hôpital militaire et l'établissement thermal se sont distingués par la fraîcheur et la richesse de leurs décorations; le parc offrait un coup d'œil charmant. Les communes de Serbannes, d'Hauterive, de Charmeil, toute la rive gauche de l'Allier, avaient envoyé leurs députations; Vendat, son conseil municipal, précédé d'un vieux soldat de l'Empire portant le drapeau de la commune. Le parc retentit bientôt des acclamations les plus vives; jamais la foule ne fut plus enthousiaste.

L'Empereur était en habit de ville et saluait gracieusement. S. M. occupait la place d'honneur et avait à côté d'Elle dans sa voiture M. le général de Béville, et en face M. le général Fleury. Dans la seconde voiture étaient M. le colonel Lepic, M. le commandant Havé, et M. le comte de Clermont-Tonnerre, officier d'ordonnance. Les autres personnes de la suite suivaient dans d'autres voitures. J'ai remarqué M. Mocquart, chef du cabinet de Sa Majesté, MM. Piétri et Seccalay, attachés au cabinet, et M. Hirvoix, inspecteur des résidences impériales.

M. Leroy, commissaire du Gouvernement et maire de Vichy, accompagné de son conseil, des maires des communes voisines, des médaillés de Sainte-Hélène, attendait l'Empereur à l'entrée de la ville, près du musée. Il a adressé à l'Empereur le discours suivant :

« Sire,

» Interprète des sentiments de la population, le maire et le conseil municipal de la ville de Vichy viennent déposer à vos pieds l'hommage de son profond attachement et l'expression de sa vive reconnaissance pour l'honneur qu'elle reçoit de la présence de Votre Majesté.

» Sire, puisse le calme que vous trouverez au milieu de nous, puisse l'efficacité de nos eaux multiplier des jours précieux à la France et si dignes de l'amour de tous.

» *Vive l'Empereur !* »

L'Empereur a répondu : « Je vous remercie des sentiments que vous m'exprimez, et je tâcherai que mon séjour soit favorable à Vichy. »

Jamais Vichy ne vit pareille fête. Sa Majesté, après avoir entendu le discours du maire, a reçu l'adresse des soldats du premier Empire et a daigné faire arrêter sa voiture pour la prendre. Trois fois, Elle est venue sur le balcon aux nombreux vivats d'une population en délire. Les avenues, les gazons, les pelouses ont été foulées sans pitié et, quand Napoléon III a bien voulu traverser le parc pour se rendre à l'établissement, ce n'est qu'à grand peine qu'il a pu se frayer un passage.

Je ne vous parlerai pas de la fête du soir : Vichy offrait un coup d'œil féerique. Les illuminations, d'une grande richesse, les guirlandes de feu courant d'un arbre à l'autre dans l'allée principale, les girandoles éclatants sous le dôme verdoyant des grands arbres, donnaient à la ville un magnifique aspect. La musique du premier régiment des grenadiers de la garde a parcouru les principales rues sur les neuf heures du soir, précédée de soldats portant des lanternes vénitiennes, et de nouveaux cris ont frénétiquement répondu à cet appel.

Minuit avait sonné que Vichy ne dormait pas encore. C'est un jour qui marquera à jamais dans nos annales.

Samedi, l'Empereur est sorti en voiture et est allé faire une visite à S. M. la reine Christine, à la maison Batilliat. Cette princesse vit ici très-retirée. Voici les noms des personnes de sa famille et de celles qui l'accompagnent. Le duc de Rianzarès, époux de la reine, le duc et la duchesse de Tarancon ; le comte de Gracio ; le docteur Rubio, médecin de S. M.; M. A. Rubio, chambellan ; M. Fardas, aumônier.

Le général Prim est à Vichy.

M. Baroche, ministre sans portefeuille, est descendu chez Germot. Il a eu l'honneur de dîner chez l'Empereur le jour de l'arrivée de Sa Majesté.

M. Barrot, ambassadeur à Madrid, est également descendu chez Germot.

M. le duc de Grammont est arrivé à l'hôtel des bains, et M. le général Fleury est parti pour la cour du Piémont.

II.

La journée de dimanche fut pour l'Empereur une seconde ovation. Vichy a été envahi ce jour-là par la population des campagnes, et la villa Strauss a vu se former devant la barrière qui en défend l'approche, une muraille compacte de villageois en veste et de Bourbonnaises en costume de fête, tous avides de voir l'Empereur, tous attendant sa première sortie.

L'Empereur s'était résigné avec une bienveillance charmante à cette invasion populaire. Il avait dit à son entourage : « Pour aujourd'hui, je leur appartiens. » Et les barrières furent ouvertes; et la foule se précipita dans le jardin, et, s'approchant de la balustrade, les paysans saluèrent de leurs acclamations l'Empereur qui, accoudé sur la terrasse, souriait à ces bruyantes manifestations. Je vous laisse à penser si cet incident a produit un bon effet sur ces braves gens. Ils étaient touchés jusqu'aux larmes, de cette affabilité si bien faite pour gagner les cœurs et pour faire aimer le chef de l'Etat.

A dix heures du matin, l'Empereur a entendu la messe dans l'église paroissiale de Vichy. On avait pensé d'abord, pour plus de commodité, à la chapelle de la place Rosalie, et déjà le R. P. Soulage, de l'ordre des Lazaristes, s'apprêtait à célébrer l'office, lorsque l'Empereur, apprenant que le vénérable curé de Vichy s'affligeait de ne pas recevoir lui-même son Auguste paroissien, donna l'ordre de tout préparer à la vieille église Saint-Blaise, qui est en effet la paroisse de Vichy. Douce satisfaction pour un prêtre vraiment évangélique, tolérant, charitable, et qui depuis près de quarante ans est le pasteur du bercail mondain de Vichy, recueillant des aumônes pendant l'été, pour soulager les malheureux pendant l'hiver !

L'Empereur, accompagné du général Fleury et de quelques personnes de sa maison, s'est rendu à pied à l'église, en traversant les rues étroites du Vieux Vichy, au milieu d'une foule compacte, sans être importune.

M. le curé Dupeyrat a reçu S. M. sous le porche de l'Eglise et lui a adressé l'allocution suivante :

« Sire,

» Nous prions Votre Majesté d'agréer l'hommage de notre profond respect et de notre bien sincère dévouement. Très-illustre Chef de la grande nation, puissant Souverain qui avez porté si haut et si loin la gloire et l'honneur du drapeau français, Prince magnanime, qui laissez partout des preuves admirables de votre amour du bien public, nous sommes heureux de votre présence, mais humiliés de recevoir Votre Majesté dans un temple si peu digne du Dieu que vous servez et qui vous protége. Nous connaissons ce que vous pouvez et ce que vous savez si bien faire. Une parole, Sire, et notre pauvreté aura bientôt cessé. Pour nous, Sire, confiants en la religion de votre cœur, heureux de cette consolation que Votre Majesté jugerait à propos de donner à notre long et laborieux ministère, prosternés aux pieds de nos modestes autels, nous continuerons à prier pour la prospérité du règne de notre auguste Empereur et la conservation de sa santé si précieuse et si chère à la France.

« Nos vœux seront aussi pour l'Impératrice et le Prince impérial. »

L'Empereur a répondu :

« Je vous remercie, Monsieur le curé, des bonnes paroles que vous venez de m'adresser. Je désire que le clergé sache bien que je soutiendrai toujours la religion autant qu'il dépendra de moi. Je suis dans un pays qui a tant d'amitié pour moi, qu'assurément je ne le quitterai pas sans lui laisser des preuves de l'intérêt que je lui porte. »

La messe a été chantée en faux bourdon. Faux est le mot, car les chantres de Saint-Blaise, intimidés par la présence du chef de l'Etat, ne voyaient plus les notes du plaint-chant sur le lutrin et détonnaient à qui mieux mieux. Le serpent ne contribuait pas à rétablir l'harmonie. Mais ils ont retrouvé leur voix pour entonner avec le public qui remplissait l'église, le *Domine salvum fac Imperatorem*.

A la sortie de l'église, il s'est produit un incident curieux : Une bonne femme, dont le fils est né le même jour que le Prince impérial, ce qui le fait filleul de LL. MM. en vertu d'un décret impérial, s'est avancée vers l'Empereur et a fait mine de vouloir l'embrasser. Le général Fleury a pu, par un geste, arrêter cet élan d'enthousiasme, et le bambin de s'écrier : Vive l'Empereur ! vive mon parrain.

Il y a ici un autre filleul de la famille impériale. C'est un sieur Debrest, employé à l'hôpital militaire : né à Vichy en 1799, et qui a eu pour marraine Mme Lætitia, mère de Bonaparte, et pour parrain, Louis Bonaparte, père de l'Empereur actuel. On a remis à S. M. un extrait des registres du baptême, qui constatent en même temps un fait ignoré, et un souvenir du séjour de la famille à Vichy.

III.

Avez-vous vu l'Empereur ?

Si vous parlez d'un homme puissant, dominant ses sujets de toute la hauteur de son génie et de sa gloire, non, je n'ai pas vu l'Empereur.

Mais, au milieu d'une foule dont l'amour semble égaler le respect, j'ai rencontré un prince ferme et doux à la fois, souriant et heureux, comme un père de famille au sein de ses enfants. Rien ne saurait conquérir d'une manière plus sûre et plus rapide l'affection d'un peuple, que la présence du souverain. A voir Napoléon III parcourir, en simple buveur d'eau, les allées du Parc, l'avenue des Célestins, vous ne devinez pas seulement la confiance, mais l'énergie d'une grande âme. Quelle activité dans cette existence ! A peine si huit jours sont écoulés et déjà rien dans nos environs n'est inconnu de Sa Majesté. L'Ardoisière, la Montagne-Verte, le Casino des Justices ont tour à tour reçu le visiteur auguste ; partout quelque touchant épisode a marqué son passage. Il nous est permis de douter qu'il y ait jamais eu dans le Béarnais populaire plus de noble simplicité, plus d'affectueuse condescendance.

Sur la route qui de Vichy conduit à la Montagne-Verte, Napoléon rencontre une femme pauvre et centenaire et lui jette une pièce d'or. La poussière qui couvre le chemin, les yeux affaiblis sans doute de la bonne mère ne lui permirent pas de découvrir l'aumône providentielle ; mais le général Fleury, qui accompagne Sa Majesté dans toutes ses excursions, descendit de voiture et lui remettant le don impérial : *prenez*, dit-il, *c'est l'Empereur qui vous le donne. Priez Dieu pour lui.*

Depuis ce moment, la pauvre vieille va pieusement deux fois par jour s'agenouiller devant la croix et supplier le ciel de conserver à la France son père bon et fort. Ils sont puissants auprès de Dieu les accents de la reconnaissance, et la voix des bienfaits est celle qui parle le plus haut à son oreille.

Il n'est pas dans la vie d'un grand homme de circonstance indifférente ; Sa Majesté a daigné parcourir le Casino des Justices qu'Elle a surpris en déshabillé. Après quelques instants de promenade et des observations pleines d'un bienveillant intérêt, l'Empereur reprend le chemin de Vichy. Son excursion était déjà connue et la Villa Brazey se couvrait de guirlandes de fleurs et d'énormes bouquets dont le parfum se rehaussait de toute l'émotion des dames qui les offrirent.

Vous raconterai-je le voyage à l'Ardoisière, le plus beau site des environs? C'était lundi dernier, et le ciel menaçant roulait de gros nuages noirs. Napoléon III n'en voulut pas moins visiter la vallée du Sichon si pittoresque, si agreste, si accidentée. Il quitte Vichy sur les cinq heures du soir ; les arbres de la délicieuse retraite étaient pavoisés de drapeaux aux couleurs nationales. Après avoir parcouru la grotte et les bosquets qui l'entourent, l'Empereur, sans escorte, guidé seulement par le gardien de l'Ardoisière, voulut visiter la montagne volcanique du Peyroux et son château ruineux, un des vestiges suprêmes de la splendeur des chevaliers du Temple. Après une heure de promenade sur le versant escarpé de la colline, un malencontreux orage contraignit les nobles touristes à une prompte retraite. A sept heures, ils rentraient à Vichy, après avoir essuyé toute la violence de la tempête.

Nous n'en finirions pas s'il nous fallait raconter les premiers incidents du séjour de l'Empereur à Vichy. Il n'est pas de dimanche où la ville ne se peuple des habitants des communes environnantes, des villes voisines, des départements limitrophes, et, quoi qu'en ait dit le correspondant de la *Gazette de France,* nous ne nous sommes pas aperçu que le nombre des buveurs d'eau diminuât par cette affluence. On se presse à l'entrée de la résidence, et Sa Majesté, heureuse, nous l'espérons, de cet empressement universel, faisait, dimanche dernier, ouvrir toutes les portes du parc impérial, et la multitude défilait sous ses yeux ; et Napoléon, sur le seuil, prononçait en souriant ces bonnes paroles : *pas de confusion, vous voulez voir votre Empereur, je vais rester ici ; allez lentement.*

Ah! certes, le vainqueur de Solférino a pu forcer l'admiration et l'estime; l'hôte de Vichy a conquis l'amour de tous. Aussi, quel enthousiasme autour de lui! Le peuple, surtout le peuple des campagnes ne retient qu'à grand'peine ses élans et ses acclamations. C'était, dimanche, après la messe célébrée pour l'Empereur dans l'église paroissiale, une brave Bourbonnaise se jetant dans ses bras; puis un débris de la grande armée fendant la foule pour contempler les traits du glorieux continuateur de la dynastie impériale. Nous n'en finirions pas, si nous voulions enregistrer ces mille détails charmants et pleins d'une sensibilité vraie, qui accompagnent les sorties de l'Empereur, sorties bien fructueuses pour nous. Son regard profond devine, analyse nos besoins, et nous avons la douce espérance de voir se réaliser enfin, grâce à son intervention, les vœux que tous les habitants expriment depuis de si longues années.

Mercredi et jeudi, Sa Majesté a daigné honorer de sa présence les salons de l'Etablissement thermal; Déjazet, l'incarnation charmante de la jeunesse et de la gaité française, comme l'appelle spirituellement M. de Willebadd, a joué et chanté tour à tour *Les armes de Richelieu, Lisette, la Douairière de Brionne*.

S. M. est venue à huit heures précise dans les salons, sans le moindre apparat, accompagnée de M. Genteur, préfet de l'Allier, et de plusieurs personnes de sa suite. L'Empereur a pris place sur un fauteuil qui lui avait été préparé devant l'orchestre. Il avait à sa droite M. le préfet, et, à sa gauche, un de ses aides-de-camp, le général Fleury.

Le spectacle a commencé par l'ouverture du *Val d'Andorre*, que l'orchestre, conduit par M. Bernardin, a fort bien exécutée. L'entrée de S. M. avait été signalée par la *Marche Impériale* que cet artiste distingué a composée tout spécialement pour fêter l'Empereur et qui satisfait les plus difficiles.

Très-prochainement la 2ᵉ livraison.

L. ENDURAN.

Riom, imp. G. Leboyer.

NAPOLÉON III
A VICHY.

L. Enduran.

PRIX : 50 CENTIMES.

Deuxième Livraison.

RIOM

G. LEBOYER, IMPRIMEUR-ÉDITEUR, 3, RUE PASCAL.

1861.

NAPOLÉON III A VICHY.

IV.

Il nous faudrait la volubilité de Schéhérazade pour raconter les épisodes du séjour de l'Empereur à Vichy, car cette semaine n'a pas été moins féconde que celle qui l'a précédée et l'empressement des populations ne diminue en rien.

Sa Majesté ne passe pas dans l'inaction les loisirs que lui laisse son traitement thermal ; chaque jour c'est une excursion nouvelle. Dimanche dernier, partie de campagne à l'Ardoisière. A quatre heures et demie, la musique du régiment des grenadiers de la garde impériale partait, précédée des provisions de bouche, et à cinq heures l'Empereur quittait Vichy, au milieu d'une foule immense, avide de contempler ses traits. M. Baroche, président du conseil d'Etat, M. le duc de Gramont, M. de Clermont-Tonnerre, MM. Béville, Lepic et Mocquart, Mesdames Valewska, Litta, Labédoyère et de Sonnay, accompagnaient Sa Majesté.

L'Empereur a été reçu à son arrivée à l'Ardoisière par une brillante fanfare ; la musique était placée sur le rocher qui surplombe la grotte, et les échos d'alentour répétèrent, tout surpris, les notes éclatantes du concert impérial. Rien de plus pittoresque que de voir, au milieu de cette nature sauvage, sous les ombres silencieuses toujours de ce site désert, les toilettes brillantes des illustres visiteurs, le costume éclatant des soldats et les

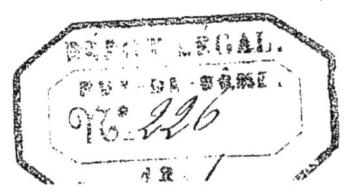

nombreux baigneurs accourus pour jouir aussi du spectacle de la fête champêtre.

Tandis que sous l'habile direction de son chef, l'orchestre militaire poursuit ses motifs joyeux, Sa Majesté descend jusqu'à la cascade du *Gour-Saillant*, le saut du Niagara que forme en miniature le rapide Sichon ; et après cela vient le repas dans la clairière.

Le soleil éparpillait ses derniers rayons à travers les branches des arbres verts, quand Sa Majesté ordonna le retour ; une dernière fois résonna le vallon ; le noble cortège reprit la route de Vichy, où il rentrait à 9 heures du soir, au milieu d'une affluence considérable. Deux photographes et M. Morin, dessinateur attaché à la cour, ont pu recueillir les détails de ce charmant tableau.

V

Il est dans la vie de l'Empereur des circonstances plus simples et, partant, plus touchantes encore. Lundi dernier Sa Majesté se promenait dans l'avenue du Parc, libre de toute étiquette, comme le buveur d'eau, contente de sa santé, bien qu'en dise l'*Indépendance Belge,* et satisfaite de la régularité de son traitement.

Vous connaissez Jenny, la bouquetière? elle doit s'appeler Jenny, la gracieuse marchande de fleurs qui, chaque jour, traverse le parc, décorant çà et là les promeneurs du bouton de rose traditionnel. Elle avait bien envie, la jeune bordelaise, d'orner aussi la boutonnière impériale : mais un ordre sévère tient chacun à l'écart et elle tout comme les autres. Cette soirée du 15 juillet devait pourtant être heureuse pour elle; l'Empereur l'a appelée d'un signe et a daigné choisir un œillet dans la corbeille ; si toutes les fleurs tressaillirent, je ne saurais l'affirmer, mais les beaux yeux de la bouquetière ont dit merci à Sa Majesté.

VI.

Le château de Randan a eu son tour mercredi dernier. L'ancienne demeure de la famille d'Orléans reçut la visite du représentant de la dynastie Napoléonienne ; on partit à trois heures du soir. Comme vous le pensez bien, Randenois et Randenoises s'étaient portés en foule à la rencontre de l'illustre visiteur. Après avoir parcouru le parc fort négligé d'ailleurs, et le manoir dont la splendeur intérieure semble avoir pris aussi le chemin de l'exil, la société entière a dîné au Tourne-Bride. Je ne sais rien de plus agréable que le retour de Randan à Vichy, par une belle soirée d'été. La fraîcheur qui règne sous les vastes ombrages de la forêt, le silence qui se fait partout, la douce haleine des brises, se rencontrant, se mêlant à chaque carrefour, tout cela porte aux sens et à l'âme un bien-être indicible.

A dix heures, l'Empereur rentrait à Vichy et daignait honorer de sa présence le bal donné à l'hôtel Charmette, par les Officiers de la Garde impériale, et dont, avec une grâce toute parfaite, Madame de Sonnay lui fit les honneurs. Après quelques instants, pendant lesquels S. M. eut de ces mots heureux et doucement émouvants qu'elle sait si bien trouver, le bal reprit toute son animation, un instant suspendue par cette visite inattendue.

VII.

Ce fut, vous pouvez m'en croire, une soirée toute française ; la gaieté la plus pure, si rare hélas ! aujourd'hui, dans nos salons, répondit aux efforts de la société de l'hôtel et des Officiers de la Garde Impériale, cotisés pour ce charmant festival. La plupart de nos lecteurs ont pu, comme nous, en admirer les préparatifs militaires.

L'entrée ornée de verts feuillages, de Lauriers roses et de Myrtes, éclairée par des lanternes Vénitiennes, offrait un délicieux aspect, et la foule, désertant le parc, stationna pendant de longues heures, devant un spectacle inconnu parmi nous. La salle n'avait pas seulement un décor plein de luxe. Que de goût et d'à-propos à la fois ! Quatre faisceaux de fusils garnis de leurs baïonnettes servaient de girandoles ; le lustre entouré d'aigles et rattaché au plafond par des guirlandes de grenades, jetait ses feux à trois soleils militaires, et les faisait resplendir de ses milles rayons. Ajoutez à cela la musique entraînante du régiment, le luxe des toilettes, le brillant de l'armée, l'animation de la danse, et vous comprendrez sans peine que le bal ne se soit terminé qu'à trois heures et demie ; le grand jour a seul déterminé la retraite. Dites maintenant que Vichy n'est absolument qu'une ville de maladie.

Et à propos de bals, les Salons n'ont-ils pas eu les leurs et résolu ce qui, jusqu'à ce jour, était resté comme à l'état de problème ! quelle foule, quel luxe de parure et d'entrain !

L'Hôtel Guillermen et celui de Paris ne restent pas en arrière, ils ont eu leurs solennités dansantes.

Les lauriers du Pindare de Montmarault empêchaient de dormir l'Alcée de Vichy. Voici qu'au père Boudignon succède Michelet, et la gloire de l'Empereur, chantée sur le même rythme et le même air n'a plus rien à désirer.

Voici un échantillon de cette composition lyrique :

> J'ai bien quatre vingt deux ans
> Et je prie Dieu très-souvent,
> Je le prie d'âme et de cœur
> De conserver l'Empereur.
>   Je vous le dis
>   Mes amis
>   Il a sauvé la patrie. *(bis)*

Avis à tous les poëtes au Pégase rétif. Les fontaines d'Aréthuse et de Castalie pourraient bien, par des filons souterrains, être venues sourdre parmi nous.

VIII.

La présence de Sa Majesté l'Empereur à Vichy absorbe naturellement toutes les pensées et donne à notre ville une animation qui lui avait été jusqu'à ce jour entièrement étrangère. De vastes projets sont éclos sous son inspiration, et nous pouvons espérer de voir dans un prochain avenir nos thermes prendre la place qui leur est assignée par la Providence. Pour Napoléon III, convevoir c'est exécuter. Aussi, la rue qui relie la gare au camp et le boulevard de ceinture, dont nous parlions dans le dernier numéro, sont-ils déjà tracés ; les travaux sont en pleine voie d'exécution.

Nous ne trouvons pas seulement dans l'initiative auguste de Sa Majesté la volonté d'embellir et d'accroître la ville ; cette sollicitude est à nos yeux comme un gage de son séjour annuel à Vichy. Par la puissance de ses eaux, la douceur de son climat, la variété des sites qui l'environnent, quoique l'usage en ait trop restreint le cercle, notre pays est appelé à de hautes destinées ; il vivra de ses forces, tandis que Bade, Ems, Wiesbaden, Spa, toutes les colonies thermales du Rhin, s'appuient sur des moyens factices. Que manquait-il à notre cité ? le mouvement, la diversité, jetée dans le monotone régime des eaux ; nous l'avons obtenu cette année, et les baigneurs les plus moroses n'auront plus à se plaindre. Félicitons la direction nouvelle d'avoir pris les rênes d'une main ferme, active, intelligente. Vous savez le viel adage : *il faut semer pour recueillir*. L'administration thermale l'a compris, et si elle a beaucoup semé, Vichy recueillera beaucoup. N'est-ce pas déjà un résultat inespéré que cette augmentation de 20,000 baigneurs dans la population flottante pour l'année 1861 ?

Chacun voit, avec une tristesse profonde, s'approcher le moment du départ de notre bien aimé souverain... Pourquoi Souverain ? Napoléon III a été parmi nous, je ne dirais pas le père de famille, mais un bienfaiteur, tant il y a dans sa nature de puissante sympathie. Si jamais Sa Majesté eut des ennemis, c'est qu'ils ne l'ont pas connue ; elle conquiert les cœurs avec plus de rapidité peut-être qu'Elle n'enlève ses victoires. C'est mercredi prochain que nous perdrons notre visiteur illustre, mais il laisse derrière lui un souvenir bien profond et une espérance bien vive.

IX.

Vous vous attendez sans doute, chers lecteurs, à ce que je vous parle du bal offert par les Sous-Officiers et soldats du 1er régiment des Grenadiers, et je ne veux pas y manquer. Je vous dirai donc que c'était dimanche, 21 juillet. Messieurs du premier régiment de la Garde Impériale avaient fait des préparatifs aussi gracieux qu'empressés. La musique entière, aux entraînantes fanfares, et sous la conduite de son habile chef d'orchestre, animait la fête.

Une vaste tribune décorée avec un luxe tout champêtre, attendait Sa Majesté et son cortège. L'air de la Reine Hortense a accueilli l'arrivée de Napoléon III, qui a bien voulu inaugurer le bal. Les expressions nous manquent pour rendre le bonheur, l'admiration qu'excite la familiarité du héros de Solférino. Mais nous avons vu des larmes d'attendrissement, qui sont à nos yeux les protestations les plus sincères de l'amour que le prince éveille partout autour de lui.

Le quadrille impérial était composé ainsi qu'il suit :
Sa Majesté et Mme de Sonnay.
Un sous-officier et Mme la comtesse Waleska, vis-à-vis.
Un sergent-fourrier et Mme Labédoyère,
Un caporal et la comtesse Litta, l'une des reines de la cour.
Un soldat et la comtesse Lehon.
Un soldat et Miss Bouz.

Je vous laisse à deviner le bonheur de ces braves militaires, qui racontent avec orgueil et à tout venant ce qu'ils appellent : *quelle chance !* souvenir ineffaçable qui reposera leur vieillesse ! Louis XIV était grand sans doute, sous le manteau de l'étiquette ; mais ne trouvez-vous pas plus grande encore cette dérogation à la Majesté Impériale ? Du reste tout est dans la conduite de l'Empereur d'une simplicité charmante ; mercredi il dînait à Maulmont avec son cortège ordinaire et les paysans ébahis avaient peine à croire qu'ils eussent l'Empereur sous leurs yeux.

Les habitants de Vichy n'ont pas voulu se laisser battre en gracieuseté par la garde Impériale. Samedi, un punch a été offert au premier régiment des grenadiers, il a été honoré par la présence de l'Empereur.

Vraiment, le nom de Napoléon III est le symbole du juste et du bon. Hier, grand bal à la Rotonde sous son patronage et au profit des pauvres. Vichy s'en souviendra.

Vous dirai-je les notabilités arrivées à Vichy depuis quelques jours ? Nous avons toute une pléïade de grands noms.

C'était mercredi dernier la fête de S. M. la reine Christine. Napoléon III a envoyé sa musique, et la princesse espagnole a fait remettre à M. Magnier une somme de 500 fr., qui a été distribuée aux artistes militaires.

Somme toute, Vichy offre un aspect charmant, qui laissera dans la population des désirs et des regrets.

X.

NAPOLÉON, par la grâce de Dieu et la volonté nationale, Empereur des Français ;

A tous présents et à venir, salut.

Sur le rapport de notre Ministre secrétaire d'État au département de l'Agriculture, du Commerce et des Travaux publics,

Considérant que l'importance toujours croissante de l'Établissement thermal de Vichy rend nécessaire le développement des voies de circulation, la création d'un second parc, la construction d'édifices spéciaux et le rachat du pont à péage établi sur l'Allier ;

Mais considérant qu'il est juste de n'employer pour ces améliorations locales que les produits et les revenus de l'Établissement thermal lui-même et non les ressources générales du budget ;

Avons décrété et décrétons :

Art. 1er.

Il sera procédé à l'exécution des routes thermales dont la désignation suit : 1º route allant des Célestins à l'enclos Chaloin ; 2º route allant de l'enclos Chaloin à la gare du chemin de fer ; 3º route allant de la gare du chemin de fer au clos des Célestins ; 4º route allant de la gare du chemin de fer à la rue de Nîmes ; 5º route allant de la rue de Nîmes à la place du Patitôt ; 6º route allant de la rue du Pont à la route nº 1 ci-dessus indiquée ; 7º route de la digue le long de l'Allier ; 8º prolongement des rues Lucas, Prunelle et Petit jusqu'à ladite route nº 1.

Art. 2.

Un nouveau parc d'une étendue de 11 hectares environ sera créé le long de la digue de l'Allier et conformément au plan annexé au présent décret.

Art. 3.

Une Église avec presbytère et un Hôtel-de-Ville seront construits dans la commune de Vichy, sur les emplacements désignés au plan annexé au présent décret.

Art. 4.

Il sera procédé au rachat du pont à péage établi sur l'Allier et faisant partie de la route impériale nº 9 bis.

Art. 5.

Les voies de communication désignées à l'art. 1, l'église et l'hôtel-de-ville, mentionnés dans l'art. 3, seront remis après leur achèvement à la commune de Vichy, à la charge par elle de les conserver et de les entretenir.

Art. 6.

La somme de cent mille francs reçue annuellement par l'État pour prix de location de l'Établissement thermal de Vichy, aux termes de la loi du 18 juin 1853, est affectée à l'intérêt et à l'amortissement des sommes nécessaires pour l'exécution des travaux et la réalisation des dépenses que prescrit le présent décret.

Un projet de loi sera présenté au Corps Législatif à sa prochaine session pour régulariser cette affectation.

Art. 7.

Nos Ministres Secrétaires d'État aux départements de l'Intérieur, de l'Instruction publique et des Cultes, des Finances, de l'Agriculture, du Commerce et des Travaux publics, sont chargés, chacun en ce qui le concerne, de l'exécution du présent décret.

Fait à Vichy, le 27 juillet 1861.

Signé NAPOLÉON.

Par l'Empereur :

Le Ministre Secrétaire d'État au département de l'Agriculture, du Commerce et des Travaux publics,

Signé ROUHER.

Pour copie conforme :

Le Préfet de l'Allier,
GENTEUR.

XI.

BAL AU PROFIT DES PAUVRES

Sous le patronage de S. M. l'Empereur.

Partout où passe l'Empereur germe une pensée de bienfaisance. L'Établissement Thermal, dont les directeurs, nous en avons plus d'une preuve, sont pleins de sollicitude pour les pauvres de notre pays, a ouvert, vendredi dernier, ses Salons à un bal unique parmi nous jusqu'à ce jour. L'auguste patronage de Napoléon III avait, peut-être, autant que la charité, contribué à la splendeur de la fête ; mais nous pouvons assurer que jamais plus magique aspect n'a frappé les yeux de nos visiteurs. Il y avait un luxe de verdure, de fleurs, de toilettes, d'entrain et de familiarité presque, dont le chef de l'Etat donnait lui-même l'exemple.

Sa Majesté a ouvert le bal avec Mlle Leroy, fille du premier magistrat de notre ville ; dans la contredanse figuraient MM. Baroche, de Morny et Walewski ; Mmes Walewska, Litta et Labédoyère formaient le quadrille impérial. L'Empereur a continué par une valse avec Mme Labédoyère. L'orchestre, toujours aussi goûté, toujours aussi applaudi dans les solos et dans l'ensemble, a fait merveille. L'Empereur s'est permis, ne le dites à personne, un tour d'écolier. Pendant que madame X... se livrait aux plaisirs de la danse, elle avait laissé son bouquet sur l'estrade. Sa Majesté s'en est emparée malicieusement. Grand émoi de la jolie danseuse, qui a eu toutefois le plaisir de le reprendre des mains de Napoléon III. Elle n'a pas boudé Sa Majesté.

L'Empereur est parti vers dix heures ; mais le bal a continué jusqu'à deux heures du matin, sous la direction de deux orchestres.

La foule était compacte et les pauvres de Vichy s'en souviendront.

Oh ! le bon soleil que nous a donné le mois de juillet !

Sa Majesté a fait remettre au bureau de bienfaisance une somme de dix mille francs, et pendant le bal a eu lieu le tirage en loterie d'un fusil magnifique, de la valeur de 500 fr. environ, offert par M. Lacouture, le généreux et intelligent arquebusier lyonnais.

Toutes les sommités politiques et militaires sont parmi

nous en ce moment. M. Rouher, ministre de l'agriculture et du commerce, est descendu à l'hôtel de Paris.

M. le général comte de Montauban, commandant en chef des troupes françaises en Chine, est aussi arrivé à l'hôtel Germot.

XII.

Nous n'en finirions pas si nous voulions relater ici les charmants épisodes de la semaine qui vient de s'écouler. Le Buveur d'eau Impérial daigne visiter tour à tour les magasins de commerce de Vichy et laisse partout des marques de sa libéralité et de sa satisfaction. Samedi 27, les magasins charmants de M. Percepied-Maisonneuve ont reçu l'illustre visiteur, qui a choisi parmi les objets d'art exposés à la source pétrifiante, des cristallisations d'un fini et d'une délicatesse inexprimables. Un nid d'oiseau a été offert pour le Prince Impérial à Sa Majesté, qui a daigné l'accepter.

Les magasins de M. Laussedat ont été aussi honorés de la présence de l'Empereur, ainsi que ceux de M. Serre, dont les ateliers de Gimeaux donnent des produits si remarquables; la pièce la plus curieuse est la poule à la grotte formée par des stalactites dont les dentures et les festons sont d'un effet charmant.

Nous demandons pardon à nos lecteurs du décousu de notre récit; mais comme nous écrivons sous l'impression du moment et à mesure que ces événements se produisent, nous ne pouvons leur donner tout le suivi désirable.

Hier, lundi, une revue du premier régiment des grenadiers, de la brigade de gendarmerie et du corps de pompiers de Vichy, a été passée par Sa Majesté à 4 heures du soir; l'Empereur était en tenue militaire et a été salué par les acclamations les plus chaleureuses de la population des campagnes accourue à cette solennité. Plusieurs décorations et des médailles militaires ont été distribuées gracieusement par Napoléon.

Parmi les décorations distribuées par Sa Majesté, nous ne pouvons nous empêcher de citer celle qui a été accordée à M. le curé de Vichy, que de longs services et l'amour de ses enfants désignaient à la bienveillance impériale, méritée par une vie toute de dévouement.

M. le préfet de l'Allier, dont tout le département apprécie les généreuses qualités d'administrateur et de représentant du chef de l'Etat, a été élevé au grade d'officier de la Légion-d'Honneur.

M. Bartoli, directeur comptable de l'Hôpital militaire, a reçu la croix de chevalier.

M. le colonel du premier régiment des grenadiers de la garde impériale est élevé au grade de commandeur.

Le sous-chef de la musique du régiment a obtenu la croix de chevalier, due à de longs et loyaux services; un sous-officier des grenadiers a obtenu la même distinction.

M. le maréchal-des-logis de la gendarmerie de Vichy a obtenu la médaille militaire; notre population applaudit à cette faveur. Le maréchal-des-logis de la gendarmerie de Cusset en a été également honoré. Les autres médailles militaires ont été réparties entre les sous-officiers et soldats du régiment.

Sa Majesté a visité dimanche dernier l'établissement Sainte-Marie; elle a exprimé une vive satisfaction sur la tenue des bains de l'hôtel Sainte-Marie et du Parc.

XIII.

C'est aujourd'hui 31, à midi, que l'Empereur quitte nos murs, après y avoir laissé de généreuses marques de son auguste satisfaction. La santé de l'Empereur est entièrement rétablie.

Vichy reverra l'année prochaine Sa Majesté, et si nous en croyons les bruits qui circulent, un deuxième voyage très-prochain ne serait pas impossible.

L. ENDURAN.

www.ingramcontent.com/pod-product-compliance
Lightning Source LLC
Chambersburg PA
CBHW060930050426
42453CB00010B/1941